AF202605

GLÜCKWUNSCH ZUM ABI
UND ALLES GUTE!

Wünscht dir ...

DU HAST DEIN ABI IN DER TASCHE!

So lange hast du auf diesen Moment hingefiebert, warst zwischendurch vielleicht auch mal kurz davor, alles hinzuschmeißen.

Doch du hast es geschafft!

WILLKOMMEN
IM CLUB DER ...

➤ Auf-eigenen-Beinen-Steher

➤ Party-bis-zum-Morgengrauen-Macher

➤ Globetrotter

➤   ...

Freiheit!

AB HEUTE ENTSCHEIDEST DU SELBST,
WER DU GENAU SEIN WILLST.

UND WAS DU MIT DEINER
NEUEN FREIHEIT ALS ERSTES
ANFANGEN MÖCHTEST.

OKAY,
VIELLEICHT NICHT HEUTE.

ERSTMAL HAST DU DIR
EINE RUNDE ENTSPANNEN
UND NICHTSTUN VERDIENT.

Viel Spaß beim Chillen!

UND STATT BIS EWIG SPÄT ZU LERNEN,

kannst du ein paar Nächte ordentlich drüber nachfeiern!

Die letzten Tage als Schüler
sind jetzt voller
verrücktem Abiwahnsinn!

ICH WÜNSCH DIR,
DASS DU DAS ALLES
SO RICHTIG
GENIEßT!

ABI
PARTYS
STREICH
FAHRT
BALL ...

NICHT ZU VERGESSEN:

DAS ABIMOTTO ...

„SNABICHAT –

NACH 12 SEKUNDEN

ALLES VERGESSEN" ...

... „ALABIN – IN JEDER FLASCHE STECKT EIN GENIE."

‹‹‹

›››

„KABITALISMUS – 12 JAHRE KLASSENKAMPF."

Und dein Motto so?

MÜNDLICHE PRÜFUNGEN, SCHRIFTLICHE PRÜFUNGEN, DER DUFT DER UMKLEIDEKABINEN NACH DEM SCHULSPORT, KEIN-ESSEN-IM-UNTERRICHT-SELBST-WENN-DU-DAS-BESTE-SCHINKEN-KÄSE-SANDWICH-DER-WELT-UNTERM-TISCH HAST ...

DAS ALLES IST NUN VORBEI.

And you survived!

ÖHM, EIGENTLICH DACHTE ICH, DASS
DU JETZT DIE ARME HOCHREIßT
UND RUFST „JAAAA, ES IST VORBEI!"

... SEHE ICH DA ETWA EIN
TRÄNCHEN IN DEINEM
AUGENWINKEL GLITZERN?

Dann gib dir einen kleinen Moment
und vergiss die
„Hab-was-im-Auge"-Ausrede.
Atme tief durch und denke zurück an

DIE SCHÖNSTEN UND VERRÜCKTESTEN AUGENBLICKE.

DANN WINKE NOCH EIN LETZTES MAL,

SCHNAPP DIR DEIN ZEUGNIS UND

AUF GEHT'S!

LASS DAS ABENTEUER BEGINNEN!

Hausaufgaben,
Referate, Lernen –
nichts kann dich
mehr aufhalten.

Die Welt wartet auf dich!

➤ Schmiede Pläne

➤ Mach eine Arschbombe, tanze

➤ Finde Menschen, die einfach passen

➤ Greif nach den Sternen

UND KÄMPFE FÜR DAS, WAS DIR WICHTIG IST.

AUF GEHT'S,
WIRF DICH
INS LEBEN!

YOU'RE FUCKING
GREAT!

WERDE KÜNSTLER – SELBST WENN ES
BROTLOS IST. MACH KARRIERE UND GELD
WIE HEU. SCHLIESS DICH EINER UMWELT-
ORGANISATION AN UND RETTE DIE WELT...

HAUPTSACHE,
ES FÜHLT SICH RICHTIG AN.

WAS WÜRDE

- Tante ~~Google~~
- ~~Chuck~~ Norris
- Harvey ~~Specter~~
- ~~Beyonce~~

TUN?

Was möchtest du tun?

Du packst das schon.

ICH BIN MIR GANZ SICHER,

dass du deinen Weg finden wirst.

ICH WÜNSCHE DIR VIELE OFFENE TÜREN.

ABER NICHT NUR, SONST WÄRE ES JA LANGWEILIG, ODER?

UND WENN DU DEINEN ERSTEN JOB
AN LAND GEZOGEN ODER DEINE EIGENE
FIRMA GEGRÜNDET UND VIELLEICHT
DEINE ERSTE MILLION VERDIENT HAST,

LASS UNS NOCHMAL ANSTOßEN.

Ich hab den Sekt, Gin, Wein, Schnaps ...
schon mal kalt gestellt.

WAHNSINN, DU HAST DIE PRÜFUNGEN GEPACKT
UND JETZT DEN ABSCHLUSS IN DER TASCHE.
ICH FREU MICH RIESIG FÜR DICH UND BIN
GESPANNT, WIE ES JETZT BEI DIR SO WEITERGEHT.

KEEP ON ROCKING!

Alles <3 zum Abi

Wir von GROH wollen die Welt
ein bisschen verschönern – mit liebevollen
Geschenken, die glücklich machen.

GROH.DE

@die_geschenkverlage

Dieses Buch entstand in enger Zusammenarbeit mit meinen Kolleginnen Moni Griebl und Ursula Kohaupt.

Vielen Dank an alle Beteiligten und auch von uns herzlichen Glückwunsch zum Abi!
Marlen Kleinhans

Alle Rechte vorbehalten. Das Werk darf – auch teilweise – nur mit Genehmigung des Verlags wiedergegeben werden. Die Nutzung unserer Werke für Text- und Data-Mining im Sinne von § 44b UrhG behalten wir uns explizit vor.

Bildnachweis: Cover, S.45: Shutterstock/Dmitry Molchanov ; S. 2: Getty Images/E+/martin-dm; S. 5: Getty Images/ Johner Images; S. 6: Getty Images/EyeEm/Suriyo Hmun Kaew (Kamera); Getty Images/Westend61 (Weg); Getty Images/ Johner Images (Schilfgras); Getty Images/DigitalVision/Jekaterina Nikitina (Zopf am Boden); S. 9: Getty Images/ iStock/Fly_dragonfly; S. 10: Photocase.de/bruzzomont; S. 13: Getty Images/DigitalVision/Muriel de Seze; S. 14: Getty Images/EyeEm/Kan Taengnuanjan; S. 16: Getty Images/EyeEm/Woratin Rakphudsa; S. 19: Getty Images/Moment/ Francesco Carta fotografo; S. 20: Getty Images/Moment/saulgranda; S. 22: Getty Images/DigitalVision/Compassionate Eye Foundation/Rob Kent (Basketball), Shutterstock/Romanenkova Daria (Tasse), Shutterstock/Art Konovalov (Bus), Shutterstock/Sharomka (Schulkind), Getty Images/DigitalVision/Hinterhaus Productions (Frauen); S. 24: Getty Images/ Johner Images; S. 27: Getty Images/EyeEm/Kan Taengnuanjan; S. 29: Getty Images/Westend61; S. 30: Getty Images/500px Plus/Nikolay Stoimenov; S. 32: Shutterstock/Mr Doomits; S. 35: Getty Images/EyeEm/Florian Pfahler; S. 36: Getty Images/DigitalVision/Thomas Northcut; S. 39: CL./Photocase; S. 41: complize/Photocase; S. 42: Getty Images/EyeEm/Karanik Yimpat.

Layout: Moni Griebl
Satz: Petra Schmidt Grafik Design
Gesamtherstellung: AZ Druck und Datentechnik GmbH, Kempten

ISBN 978-3-8485-2399-3
© 2020 Groh Verlag. Ein Imprint der Verlagsgruppe Droemer Knaur GmbH & Co. KG
Maria-Luiko-Straße 54, 80636 München
www.groh.de

Kontaktadresse nach EU-Produktsicherheitsverordnung:
produktsicherheit@droemer-knaur.de